22/01/86

60
gags
de

Boule
et Bill

par *Roba*

I.S.B.N. - 2 - 8001 - 0030-3

DUPUIS

MARCINELLE-CHARLEROI ★ PARIS ★ MONTREAL ★ BRUXELLES ★ SITTARD

O anniversaire, que nous puissions te célébrer souvent encore, de plus en plus heureux.
(Tibulle.)

3

Il n'est point nécessaire d'espérer pour entreprendre,
ou de réussir pour persévérer.
(Guillaume le Taciturne.)

* GENRE DE REPTILES GIGANTESQUES FOSSILES DE L'ÉPOQUE SECONDAIRE.

*L'architecture est jusqu'à un certain point
l'expression de la civilisation d'un peuple.*
(Honoré de Balzac.)

...MAIS NON, CE N'EST PAS COMPLIQUÉ DU TOUT !... IL SUFFIT DE... MAIS OUI... TU ES TRÈS GENTIL, BILL !... MAIS VA JOUER PLUS LOIN...

...BIEN SÛR... IL FAUT DU CALME, DE LA PATIENCE, ET SURTOUT...

BILL !*%!?

ÇA C'EST LA VIE !

JE DISAIS DONC, IL FAUT SURTOUT... QUE CET ANIMAL DISPARAISSE !

CLING
CLING
DING
SCRATCH
SCRATCH
SCRATCH

C'EST ÇA !... QU'IL AILLE AU JARDIN ! ET QU'IL Y RESTE !

PLUS TARD...

ET VOILÀ... ADMIRE CETTE MERVEILLE !... UNE VRAIE GRUE, COMME DANS LES PORTS !

OÙ EST PASSÉ LE CHIEN ? IL DOIT VENIR MANGER !

...ET ÇA SE DÉMONTE FACILEMENT, P'PA ?

DÉMONTER ? RIEN DE PLUS SIMPLE !... LE TEMPS DE COMPTER...

AAH !!... ON NE ME RÉPOND PAS... AAH !!... ON EST TROP OCCUPÉ... JE SAIS CE QUE JE DOIS FAIRE !...

BILL !... MANGER !...

CLANG
CLANG

La paresse est un sépulcre où l'on s'enterre tout vivant.
(de Bourdonné.)

La beauté est une promesse de bonheur.
(Stendhal.)

Lorsque l'enfant paraît, le cercle de famille...
(Victor Hugo.)

DONC, VOUS AVEZ COMPRIS !... LE MONSIEUR QUI VA VENIR DÉJEUNER AVEC NOUS, EST UN IMPORTANT CLIENT DE PAPA ! SOYEZ GENTILS ET FAITES COMME S'IL ÉTAIT DE LA FAMILLE... ET MONTREZ BIEN QUE VOUS AIMEZ VOTRE PAPA !...

OUI, M'MAN !

C'EST SI GENTIL, MONSIEUR LINGUOT, D'ACCEPTER NOTRE MODESTE INVITATION...

MMPH !

... VOUS VERREZ, C'EST UNE PETITE FAMILLE TOUTE SIMPLE... ET, J'EN SUIS SÛR, VOUS VOUS SENTIREZ BIEN VITE CHEZ VOUS !...

MMPH !

YOUUOUUUH ! NOUS SOMMES LÀ !

MMPH !

BONJOUR, PAPA !

WAF !

MONSIEUR LINGUOT !... JE SUIS DÉSOLÉ !... JE NE SAIS COMMENT... HEU... ENFIN, JE VEUX DIRE... DEMANDEZ-MOI N'IMPORTE QUOI, SI JE PUIS RÉPARER !

JE CROIS QU'ON A ÉTÉ TROP NATURELS !

BZZZ... BZZZZ BZZZZ... !?
BZZZZ !!

MAIS, VOYONS, C'EST TOUT NATUREL !

... ET COMME JE VOUS LE DISAIS, CHER MONSIEUR LINGUOT, VOUS AUREZ VITE FAIT PARTIE DE NOTRE PETITE FAMILLE !

MMPH !

QUELLE FAMILLE !

Une maison neuve est parfois comme un verre de lunette sans œil derrière...
(Ingeborg Maria Sick.)

HÉ!... OÙ VAS-TU AVEC CE TUYAU D'ARROSAGE?

GAGNER DES SOUS!

...BESOIN COULEURS,! PINCEAU!

?!

MAIS QU'EST-CE QUE?...

AVE CÆSAR...

PLUS VITE, BILL, PLUS VITE!

CHER PETIT... JE COMPRENDS!... POUR MÉRITER SON ARGENT DE POCHE, IL VA ARROSER LE JARDIN... ET LA COULEUR?... SÛREMENT POUR REPEINDRE LE PORTILLON D'ENTRÉE!... BRAVE CŒUR, VA!... IL FAUT L'ENCOURAGER, JE VAIS ALLER LE FÉLICITER!..

C'EST BIZARRE, IL N'EST PAS DANS LE JARDIN... OH! DES TACHES DE COULEUR!...

...LES TRACES CONTINUENT DANS LA RUE!... SUIVONS LA PISTE!...

SUIVEZ, SUIVEZ, SUIVEZ!... C'EST UNE OCCASION UNIQUE DE VENIR ADMIRER...

MAIS C'EST LA VOIX DE BOULE!

!

...LE MARSUPILABILL! EN CHAIR ET EN OS! ENTRÉE GÉNÉRALE, UN FRANC!

JE SUIS LE MEILLEUR AMI DE L'HOMME... JE DOIS RESTER LE MEILLEUR AMI DE L'HOMME!... JE...

HOUBWAF! HOUBWAF!

NON, NON, NON ET NON ! PAS DE BALLE DANS LA MAISON !... DEHORS !!

DEHORS, DEHORS !... ATTENTION À CECI, ATTENTION À CELA !... PFFF !... QUELLE VIE... BILL, SAIS-TU CE QU'ON VA FAIRE ?!...

AAAH ! ON EST DANS LEUR CHEMIN !... TRÈS BIEN ! NOUS ALLONS VIVRE NOTRE VIE !

... OOH !... AU DÉBUT, CE NE SERA PAS FACILE !... ON SE NOURRIRA PARFOIS DE CAROTTES, DE NAVETS...

BÊÊH !

... LA TARTE AUX POMMES, LES BEIGNETS, LES CRÊPES LES GAUFRES... TOUT ÇA FAUDRA L'OUBLIER...

C'EST PAS DE VEINE !... J'AI UNE DE CES MÉMOIRES !

L'ENNUI, C'EST QUE MAMAN VA NOUS ATTENDRE POUR LE DÉJEUNER... PAUVRE MAMAN ! JE L'ENTENDS ENCORE ME DIRE, CE MATIN : AUJOURD'HUI, IL Y AURA DE LA...

LUST[I]

...MOUSSE AU CHOCOLAT !

WAF

NIAM SLURP SCRONCH SLURP

ILS N'ONT JAMAIS MANGÉ COMME ÇA !

NIAM SLURP

Le sport est le seul moyen de conserver dans l'homme les qualités de l'homme primitif.
(Jean Giraudoux.)

19

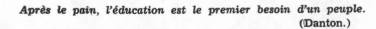

...OUI, JE SAIS, BILL EST TRÈS SENTIMENTAL, ET SES GRANDS YEUX TRISTES TE FENDENT LE CŒUR!...MAIS! L'EMMENER À L'ÉCOLE, C'EST ALLER UN PEU FORT! ALORS, VOICI CE QUE J'AI COMBINÉ AVEC TON INSTITUTEUR ... TU ÉCOUTES?...

OUI, P'PA!

...ENCORE DÉSOLÉ, MONSIEUR L'INSTITUTEUR, DE DEVOIR VOUS FAIRE JOUER CETTE COMÉDIE, MAIS C'EST, JE CROIS, LE SEUL MOYEN D'EMPÊCHER LE CHIEN DE... HEUH... DE...

MAIS VOYONS!... J'AI AUSSI UN CHIEN, TENEZ!... À PEU PRÈS COMME ÇA... SI VOUS SAVIEZ LA PLACE QUE CELA PREND!

ÉCO

HÉHÉHÉ!...NOUS ALLONS NOUS LIVRER À UNE AMUSANTE EXPÉRIENCE!... IL S'AGIT D'ÔTER À TON CHIEN TOUTE ENVIE DE T'ACCOMPAGNER À L'ÉCOLE!... PRÊT? JE COMMENCE:...

J'AIME PAS ÇA!

REGARDE, BILL! PAS BON, ÉCOLE! BÂÂÂH! MAUVAIS...

À NOUS DEUX, MON GAILLARD!

TU VOIS?... BOÛÛH!... MÉCHANTE ÉCOLE!... PAS POUR LES CHIENCHIENS!

OUIN!

20A

HAA! ON VIENT AVEC SON CHIEN À L'ÉCOLE! JE VAIS TE CORRIGER, MOI!

HOULALÂÂÂ!... VILAIN MONSIEUR, VILAINE ÉCOLE!...LE PETIT CHIENCHIEN NE VIENDRA PLUS ICI!... PLUS JAMAIS!

HIHIHI! JE M'AMUSE COMME UN PETIT FOU!

PAF AÏE!

BON... MAINTENANT, POUR LE DÉGOÛTER À JAMAIS, FAISONS-LUI CROIRE QUE L'ÉCOLE EST PLEINE DE CHATS!!!... C'EST UNE PETITE IDÉE À MOI, ÇA!... HIHIHI!...

AÏEAÏEAÏE

...J'AI TOUJOURS EXCELLÉ DANS L'ART D'IMITER CE FÉLIDÉ... ÉCOUTE:

MIAOUU!

IL VA SURTOUT EXCELLER DANS L'ART DE LA COURSE À PIED!

...MAIS, MONSIEUR L'INSTITUTEUR, JE VOUS ASSURE... JE...JE NE COMPRENDS PAS!... IL Y A UN SOMBRE IDIOT QUI A IMITÉ LE MIAULEMENT DU CHAT...ET... ET LE CHIEN A CRU QUE C'ÉTAIT VOUS...

DISPARAISSEZ DE MA VUE!... VOUS, VOTRE FILS ET... CE CHIEN!

20B

... Mais où sont les neiges d'antan ?...
(Villon.)

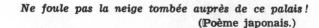

De la musique avant toute chose...
(Verlaine.)

Il pleure dans mon cœur comme il pleut sur la ville...
(Verlaine.)

(27)

La lune se moque bien de l'aboiement des chiens.
(Proverbe britannique.)

Qui sert bien son pays n'a pas besoin d'aïeux.
(Voltaire.)

...IL EST BEAU, LE FUSIL ATOMIQUE QUE TU M'AS FAIT, P'PA!... ET C'EST FORMIDABLE, CETTE PETITE LAMPE QUI S'ALLUME AU BOUT!...

HÉLA!... IL EST DÉFENDU DE CHASSER PAR ICI!

MAIS NOUS NE SOMMES PAS CHASSEURS!

AH NON?!... ET ÇECI?... C'EST-T'Y POUR LA CUEILLETTE DES PRUNES?.. HMM?!... ET CE CHIEN?... HMMM...?

CEPENDANT, HAUT DANS LE CIEL...

...JITTERBUG À ROCK'N'ROLL!... MON RÉACTEUR A DE DRÔLES DE RÉACTIONS! ...JE VOUS DONNE MON C.Q.F.D.D.C.P. *

WAM

* CE. QU'IL. FAUT. DIRE. DANS. UN. CAS. PAREIL!

ROCK'N'ROLL À JITTERBUG!... LAISSEZ TOMBER.

ROGER!

ESSAYONS DE FAIRE TOMBER LE JET DANS CE PETIT BOIS!... EN SEMAINE, IL N'Y A JAMAIS BEAUCOUP DE MONDE!

...VOUS VOYEZ?!... C'EST UN INOFFENSIF PETIT JOUET D'ENFANT!... POUSSEZ LÀ SUR LE BOUTON... OUI... VOILA... LA PETITE LAMPE S'ALLUME...

C'EST MA FOI VRAI!!... HÉHÉ!... C'EST PAS BÊTE, ÇA!

RRRRRR

PAF

HÉHÉ!... HOP! PLUS D'ARBRES, HOP! PLUS D'AVION QUI FAIT UN DRÔLE DE BRUIT.

HOP! PLUS DE GARDE-CHASSE!

RR RR PAF

J'AURAIS DÛ FAIRE DU VÉLO!

WOARR

AAAAAH!

ON JOUE, DIS? ON JOUE?

BAOUM

ÇA, POUR UN BÊTE JEU C'EST UN BÊTE JEU!

PLUS TARD, DANS UN ÉTAT-MAJOR...

C'EST INCROYABLE! C'EST CONSTRUIT AVEC DE VULGAIRES BOÎTES DE CONSERVES!

SI, SI... C'EST EN POUSSANT LÀ QUE...

OUI, OUI... NE POUSSEZ PAS!

PETITS POIS ET CAROTTES!

MOI, ÇA ME DONNE FAIM!

OUIN

D'OÙ PROVIENT CETTE ARME?

IL EST DROGUÉ!

QUEL RAYON EMPLOYEZ-VOUS?

REGARDEZ SES YEUX!

FOUILLEZ-MOI CE CHIEN!... AAH!... S'IL POUVAIT PARLER!

SALLE DES FOUILLES

JE SAIS BIEN CE QUE JE DIRAIS MOI

Rolm

29

DIS, BOULE, POURQUOI MARCHE-T-IL TOUJOURS DERRIÈRE, TON CHIEN ?...

BEN... JE NE SAIS PAS... TOUS LES CHIENS FONT ÇA.

ÇA VA SEUL

C'EST VRAI, ÇA !... POURQUOI ES-TU TOUJOURS DERRIÈRE ?

OUI, POURQUOI ?

CRAC

ALIMEN...

ET PUIS, C'EST DAN-GEREUX !

TU CROIS ?

FLASH

CHAT NOIR

!

...SUPPOSE QUE L'ON TOURNE LE COIN D'UNE RUE... À CE MOMENT, BOUM !... IL LUI ARRIVE UN ACCIDENT, QUI L'A VU ? ...

29A

LA MÊME CHOSE POUR TRAVERSER !... UN CHIEN, ÇA N'A PAS LE SENS DE LA CIRCULATION !

!!

BAH !... IL FAIT ATTENTION, COMME NOUS !

OUI, OUI, MAIS...

WAW

...UNE DISTRACTION !

BILL EST UN COCKER !... CES CHIENS-LÀ VOIENT DES CHOSES...

QUE NOUS NE VOYONS PAS ! ... IL Y A AUSSI DES SONS QU'EUX SEULS PEUVENT ENTENDRE

DONG

!?

...ET C'EST FINI DE MARCHER DERRIÈRE, COMPRIS !... SI TU NE M'AVAIS PAS POUR TE SURVEILLER, TU SERAIS DÉJÀ MORT !...

J'AVAIS PRÉVU LE COUP, HEIN !

DISTRAIT !

VOULEZ-VOUS MON AVIS ?... CE GAG EST IDIOT. ET D'UNE INJUSTICE TOTALE !

29B

Parturiunt montes : nascetur ridiculus mus.
(Horace.)

...NON, RIEN À FAIRE! CETTE TAUPE DOIT DISPARAÎTRE!

MAIS...MAIS.

GRRR!

CES PÉTARDS À GRANDE PUISSANCE VONT LUI DONNER UNE TELLE FROUSSE QU'ELLE NE METTRA PLUS JAMAIS LES PATTES DANS MON JARDIN!

MAIS, PAPA!...

GRRR! WAF!

ET VOILÀ!... ILS SONT TOUS ALLUMÉS!... HÉHÉHÉ!... ON VA RIRE!

NON, PAPA! ATTENDS!

GRRWAF!

HÉHÉ! ÇA VA FAIRE BOUM! ET... MAIS, MAIS... ALLEZ-VOUS OUI OU NON ME LAISSER TRANQUILLE À LA FIN ?!!

MAIS ENFIN, PAPA!

GRRR!

BAM BAM ?!

BAM!

ÇA VA LUI COÛTER CHER!

VOILÀ! TU ES CONTENT ?!!

...QUAND ON PENSE AU TEMPS QU'IL LUI A FALLU POUR RASSEMBLER UNE SI BELLE COLLECTION !... ET TOI, TU AS TOUT CASSÉ !...

JE SAIS, BOULE, JE SAIS!... HEU... ALLO!

PEU APRÈS...

SI C'EST PAS MALHEUREUX !... DES OS DE CETTE QUALITÉ! JAMAIS... NON JAMAIS, JE N'AI DÛ FAIRE UNE CHOSE PAREILLE!

AH! VOUS !... VOUS N'ÊTES PAS ICI POUR FAIRE DES COMMENTAIRES!

ENCORE UN SAC, ET JE NE BOUDE PLUS!

Là-haut sur la montagne, l'était un vieux chalet...
(Chant populaire.)

33

PAPA!... JE NE SAIS PAS FAIRE MA RÉDACTION!

ALLONS, ALLONS!... QUEL EN EST LE SUJET?

LE CHIEN!

LE CHIEN?!...MAIS IL N'Y A RIEN DE PLUS FACILE, VOYONS!... IL SUFFIT DE REGARDER BILL!... JE VAIS TE DICTER... HEU... LE CHIEN EST UN ANIMAL DOMESTIQUE...HEU...

DOMESTIQUE! DOMESTIQUE! MAIS C'EST TOUT À FAIT FAUX!!

ÉCRIS... HEU... LE CHIEN AIME SON MAÎTRE. IL LE PROUVE PAR DES GESTES DE...!!!?!

NON! ÇA NE VA PAS!!

BELEBELBLEB!

...HEU...SES YEUX REFLÈTENT L'INTELLIGENCE...?!!!

NON! ÇA NON PLUS!

GÂÂÂ GAGÂÂÂ GAÂÂ!...

...HEU...LE CHIEN EST GAI, VIVANT ET IL APPORTE LA JOIE DANS LA MAISON?!!!

NON! NON! ÇA NE VA PAS DU TOUT!

WOUOUUU

...HEU...LE CHIEN EST FORT...IL A DU SOUFFLE ET...??!!

BAH!... TROUVONS AUTRE CHOSE!

PFFFF! PFFFF!

34 A

...LE CHIEN EST...HEU...TRÈS OBÉISSANT, IL CONNAÎT SON NOM... ET, QUAND ON DIT BILL!...BILL!...BILL!

RECOMMENÇONS TOUT!

"LE CHIEN"...LE CHIEN EST UN EXCELLENT GARDIEN!... HEU... UN BRUIT DE PAS, ET IL...!!?!

CE N'EST PAS BON

KAÏ!

...BIEN CAMPÉ SUR SES ROBUSTES PATTES, LE CHIEN...?!!!

J'EN AI ASSEZ!

LE LENDEMAIN...

...VOUS VOUS CROYEZ MALIN AVEC VOS STUPIDES IDÉES DE RÉDACTION, HEIN?!! EH BIEN, VOICI UN CHIEN, MONSIEUR!... ET QUE JE SOIS CHANGÉ EN St-BERNARD SI VOUS PARVENEZ À ÉCRIRE UNE LIGNE SUR CE!!! D'ANIMAL!!

C'EST LE MÊME CHIEN!

PLUS JAMAIS IL NE FERA MES RÉDACTIONS!

34 B

35

Ils ne mouraient pas tous, mais tous étaient frappés...
(La Fontaine.)

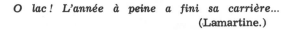

TIENS?! L'AGENT! QUE VIENT-IL FAIRE ICI?... SERAIT-CE POUR...

DRRING

...LA TAXE DU CHIEN QUI N'EST PAS PAYÉE!... OUI! C'EST ÇA! VITE! CACHONS BILL!

?!

DRRING

VOILÀ!! VOILÀ!

TU AS UN FAUTEUIL, UN BON COUSSIN ET DES PRALINES! NE BOUGE PAS DE LÀ, HEIN!

PAS DE DANGER! INSTALLÉ COMME ÇA, RIEN NE POURRAIT ME FAIRE BOUGER D'ICI!

AINSI VOUS N'AVEZ PLUS DE CHIEN, HMMM?

HÉLAS! NON, MONSIEUR L'AGENT!... NOUS L'AVONS PERDU!...

OH! COMME C'EST TRISTE!

TRISTE?... AH! MONSIEUR L'AGENT... CETTE ABSENCE EMPLIT DE VIDE TOUTE LA MAISONNÉE!

ET VOUS DONNERIEZ N'IMPORTE QUOI POUR QU'IL REVIENNE, HMM?... TENEZ, VOILÀ UN MOUCHOIR...

MERCI,... SNIF... JUSQU'À MA SNIF... CHEMISE, MONSIEUR, QUE JE DONNERAIS!

NE PLEUREZ PLUS, MONSIEUR!... PAREIL ATTACHEMENT ENVERS SON CHIEN MÉRITE UNE RÉCOMPENSE!

?!

MIAOU

MERCI POUR LA CHEMISE, MAIS... IL RESTE LA TAXE, ADDITIONNÉE DE L'AMENDE POUR FAUSSE DÉCLARATION, CECI MULTIPLIÉ PAR VINGT, CE QUI NOUS FAIT...

IL NOUS A EUS, P'PA!

WAF! GRR! OÙ EST CE CHAT?... J'AI ENTENDU UN CHAT!

*Ce qui est une imitation de la nature
ne peut être un défaut.*
(Lessing.)

On n'est jamais trop âgé pour s'instruire.
(Benjamin Franklin.)

Sans enfants et sans chien, une maison est vide.
(Proverbe flamand.)

BILL!... TIRE-TOI!... TU VOIS BIEN QUE TU ES DANS LE CHEMIN!

JE CROIS QUE J'AI TOUT!

BON, BON! J'AI COMPRIS, JE M'EN VAIS!

MOI AUSSI!

MINUTE!... AVANT DE CHARGER ÇA DANS LA VOITURE, RÉCAPITULONS TOUT ET VOYONS SI RIEN N'EST OUBLIÉ!...JE COMMENCE... BROSSES À DENTS?...

À CHAQUE DÉPART EN VACANCES, C'EST PAREIL!...ON S'ÉNERVE, ON RÉCAPITULE... ET, COMME TOUJOURS, ON OUBLIERA QUELQUE CHOSE.

EH BIEN, MOI, JE VAIS PIQUER UN PETIT SOMME... ICI DESSOUS JE SERAI BIEN TRANQUILLE!

TOUT EST PARÉ?... NOUS SOMMES PARTIS!

VIVENT LES VACANCES!

VROUM

48A

PLUS TARD...

JE VAIS VOUS EN DIRE UNE BIEN BONNE... ON A OUBLIÉ BILL!

QUOI?!

MON DIEU! BILL!

求!

PLUS VITE, PLUS VITE! PAUVRE BILL!...COMME IL DOIT NOUS EN VOULOIR!

IL VA NOUS BOUDER AU MOINS PENDANT TROIS JOURS!

BILL?

OUIN.... BILL!

ROUX AVEC DE GRANDES OREILLES... DITES DONC!... C'EST POUR LE BRIGADIER QUE VOUS DITES ÇA?

MAIS, MAIS... PAS DU TOUT!... D'AILLEURS, LES SIENNES TOMBENT MIEUX.

OAAAH!...J'AI BIEN DORMI... MAIS!... ON EST TOUJOURS ICI?!... LA POLICE?!/... ÇA Y EST!... ILS ONT ENCORE PERDU QUELQUE CHOSE!...ET ON APPELLE QUI POUR LE RETROUVER?... BILL, NATURELLEMENT!

48B

Ainsi, toujours poussés vers de nouveaux rivages...
(Lamartine.)

O flots, que vous savez de lugubres histoires !
(Victor Hugo.)

L'absence ni le temps ne sont rien quand on aime.
(Musset.)

TRRIiiiiiT!!

CRAC

OUIN! MON SIFFLET!

TU L'AURAS, TON SIFFLET!...JE VAIS MÊME T'EN CHERCHER UN TOUT DE SUITE!... MAIS...UN AUTRE!

VOILÀ CE QUE JE CHERCHE!

?

TOUT POUR TOUTOU

NON!...A LA MAISON!...TIENS!...J'Y PENSE...JE DEVRAIS ALLER À LA BIBLIOTHÈQUE...TU M'ATTENDRAS DEHORS AVEC BILL!...

JE PEUX L'ESSAYER, DIS?

QUEL BÊTE ACHAT!...ÇA NE SE MANGE MÊME PAS!

544

A LA BIBLIOTHÈQUE...

BEN, IL LEUR EN FAUT DU TEMPS POUR M'APPORTER CE BOUQUIN!...

SCHOOT

SILENCE!

...ET IL FAIT D'UN SINISTRE!...ON ENTENDRAIT TOMBER LA POUSSIÈRE SUR UN OEUF DE MOUCHE!...PAS UN QUI AURAIT LE COURAGE DE SIFFLER UN PETIT AIR!...

SILENCE!

...À PROPOS DE SIFFLER...J'AI EU UNE CHOUETTE IDÉE D'ACHETER CE SIFFLET SPÉCIAL POUR CHIENS!...HÉHÉHÉ!...JE RIS À LA PENSÉE QUE J'AI ICI DE QUOI FAIRE DU BRUIT, MAIS...

SILENCE!

...Ô FINESSE!...SANS QUE PERSONNE NE PUISSE L'ENTENDRE!...HÉHÉ!...J'ESSAYE!...

TRRRIIiiiiiiiT

SILENC

DEHORS!...
ZAZOU!

POURQUOI AI-JE MIS LES DEUX SIFFLETS, LE NORMAL ET LE "SILENCIEUX", DANS LA MÊME POCHE?!?!!

HÉ! P'PA! ATTENDS-NOUS!

RABA

VOILÀ L'ENDROIT RÊVÉ POUR LE PIQUE-NIQUE!

C'EST BIEN VRAI?... TU NE VEUX PAS QUE JE M'EN OCCUPE!

MAIS NON!... LES DÉJEUNERS SUR L'HERBE, C'EST MA SPÉCIALITÉ!... VA PROMENER AVEC BOULE...JE VOUS APPELLERAI!...

MMMH!...ÇA SENT RUDEMENT BON!...ET C'EST EMBALLÉ DANS UN LINGE POUR LE TENIR AU FRAIS!... C'EST PAS POUR BILL, ÇA!...NON! C'EST POUR PAPA! MIAMMIAM! !...

SNIF!

HA?!... UN PAQUET DANS UN PAPIER!... C'EST POUR MON BILL, ÇA!... HÉHÉ!... OUI, OUI!... ATTENDS!... OUI, C'EST POUR TOI! TU VAS L'AVOIR, GOURMAND!

SNIF ?!! SNIF !

57A

HÉLÀ!... VOLEUR! LAISSE-MOI AU MOINS LE DÉBALLER! HAHA!... SACRÉ BILL VA!!... BON APPÉTIT, GOINFRE!

BON, LE DÉJEUNER EST PRÊT!... ET MIEUX QU'AU RESTAURANT!

À TABLE!

NIAM SCHLURP GNAP KRONCH MIAM

PLUS TARD...

MAIS JE NE SAVAIS PAS, MOI, QUE CECI ÉTAIT LE REPAS DU CHIEN!... ET JE NE VEUX PAS LE MANGER, MOI, LE REPAS DU CHIEN!!

NOUS DISIONS: DEUX MENUS GASTRONOMIQUES, UN "CHÂTEAUNEUF-DU-PAPE"... ET LE PETIT CHIEN, LÀ?...IL N'A PAS FAIM?...

RESTAUR

BILL

Roba

57 B

Les feuilles mortes se ramassent à la pelle...
(Jacques Prévert.)

HALALA!...CES FEUILLES MORTES DANS MA PELOUSE!... J'OFFRE UN BON SALAIRE À QUI M'EN DÉBARRASSERA !...

... CAR TOUT TRAVAIL MÉRITE SALAIRE !

!

BEN, MON PAUVRE BILL !... À DEUX, NOUS N'Y ARRIVERONS JAMAIS! IL Y EN A TROP!... À MOINS QUE ...

BIEN SÛR QUE TU PEUX!... AVEC UN OU DEUX AMIS, LE TRAVAIL VA PLUS VITE, ET C'EST PLUS GAI !

HÉHÉ !... ESPRIT D'INITIATIVE, SENS DU TRAVAIL D'ÉQUIPE ... BON...TRÈS BON, ÇA !...

PLUS TARD...

PAPA! C'EST FINI !

ILS SONT TOUS VENUS QUAND, COMME TOI, JE LEUR AI DIT QUE ...

TOUT TRAVAIL MÉRITE SALAIRE !

Qui veut la **FIN** *veut les moyens.*

(Dernier proverbe.)

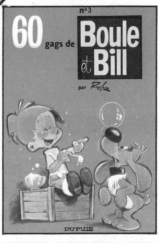